Herbert Regele

AN FRIEDN FÜR ALLE

Ein Band der Reihe »Rosenheimer Raritäten«

rosenheimer
raritäten

Herbert Regele

AN FRIEDN FÜR ALLE

Weihnacht und Passion in bairischer Sprache

Illustrationen von Karl Caspar

rosenheimer

Lieber, verehrter Herr Regele!

In lebendiger Erinnerung ist mir aus dem vorigen Jahr das Passionssingen in Breitbrunn geblieben, bei dem Sie zwischen den Liedern und Volksweisen Ihre Passion lasen. Man spürte: da werden Menschen in Bann geschlagen, sie halten den Atem an, erschrecken, sind betroffen und zugleich getröstet, weil das ferne Ereignis der Bibel uns ganz nahe an die Haut rückt. Sie haben sich tief hineinversetzt ins biblische Geschehen und in die Seele unseres Volks, in das Leid des Menschen und in seine Sehnsucht nach mehr Liebe und Barmherzigkeit. Ihre altbairische Sprache hat eine große Kraft und einen echten und weit ausholenden Rhythmus. Sie kann wuchtig zupacken und zugleich zart andeuten.

So danke ich sehr herzlich, daß ich nun diese Passion und Ihre Weihnacht in bairischer Sprache auch in Stille lesen kann. Es gibt sicher viele Bedenken gegen den modischen, allzu häufig gewordenen Dialektgebrauch bei Messen, Gebeten und auch Bibelübersetzungen. Aber wo es – wie bei Ihnen – um die meditative Darstellung biblischen Geschehens geht, ist Mundart sinnvoll und hat auch ihre große Tradition seit dem mittelalterlichen Volksspiel. Unser weihnachtlicher Glaube besagt ja: Das Wort ist Fleisch geworden. Das heißt: Das universale Heil hat sich in einer konkreten Situation, in menschlichem Alltag, in Provinzialität, weit weg von der damaligen Welthauptstadt Rom ereignet. So bleibt es wichtige Aufgabe der Verkündigung, auch durch Spiel und Lied, daß sich die Frohe Botschaft einwurzelt in unser eigenes Leben und in unsere eigene Sprache. Der Mensch soll erfahren: Mitten in meinem eigenen Leben geschieht so etwas, wovon in der Bibel die Rede ist.

Mundartlicher Ausdruck biblischer Geschehnisse will also sagen: So hätte es bei uns, in unserer Welt sich ereignen können. Freilich muß man dann dazu sagen: es konnte auch ganz anders sein. Ja, man muß sagen: das von Gott geschenkte Heil ist immer ganz anders, als es sich unsere menschlichen Vorstellungen ausmalen.

Besonders gilt das sicher von den Phasen, in denen das menschliche Leben Jesu ganz ins göttliche Geheimnis eintaucht: beim Sterben und beim Anfang. Der Anfang insbesondere, den Sie in Ihrem »An Friedn für alle« beschreiben, sieht in der Bibel anders aus. Dort stehen am Anfang Gott, seine Gnade, seine Verheißung an den Menschen und darum – bei allem Erzittern – das freudige Ja Mariens.

Sie, lieber Herr Regele, fangen beim Menschen an, bei seinem Elend, bei seinen Schwierigkeiten und die Botschaft des Engels »du bist auserwählt worn« folgt erst danach als Hoffnung. Das entscheidende, rettende Heilsereignis aber ist für den Glaubenden nicht aus dem menschlichen Bemühen erwachsen, sondern ganz von Gott geschenkt. Wir freilich müssen und dürfen dies Geschenk in unser menschliches Denken und Fühlen, Sprechen und Tun aufnehmen.

Daher wünsche ich von Herzen, daß viele Leser sich von diesem Text ergreifen lassen und dabei erfahren, daß Gott sich auch in ihr eigenes Leben hineinbegeben und ihre eigene Sprache sprechen will.

Ihr

Abt Dr. Odilo Lechner OSB

Inhalt

An Friedn für alle

Maria Elend

Heiliger Gottvadder,
mir bleibt mei Bluat weg!
Was is über mi kemma?
Kriag i a Kind?

Da sitz i,
ganz machtlos,
und es wachst was in mir.
Es wachst was,
naa,
net a Wehdam,
a Kind wachst in mir,
a Mensch so wia i,
Maria, a Kinderl,
und alls, was du bist,
wachst auf des zua.

Naa, naa, naa,
des derf do net wahr sei!
Was sagn denn da d' Leit,
was sagt denn da d' Muadder?
Der Vadder, der fluacht ma.
O Himmel,
i will net, i will net,
mei Herrgott, i will net.
Helfts doch, i will net.

Warum muaß denn des mir,
grad mir des passiern.

Skizze für Bild Seite 9

I bin do net schlecht,
i hab do mei Lebn lang
auf unser Ehr gschaugt,
hab brav mei Arbat do.
Bin in mei Kirch ganga,
hab 's Gotteswort ghört,
as Gebet net vergessn,
ja no vui mehrer:
Mei Vadder im Himmel,
den ganzn Tag hab i
mi gfreut über di.
Und jetz gschiecht mir des!

Was soll i denn doa?
I konn's do net sagn.
Es derf neamad wissn.
Des druckt meiner Muadder
sicher as Herz ab,
wo s' doch allwei
so stolz is auf mi.

Naa, Muadder, naa,
bittschön, i bitt di,
schaug, i woaß nimmer,
was los is mit mir.
Hab i denn neamd,
mit dem i redn ko?
Bin i denn ganz alloa
auf dera Welt?

Mein Gott, der Josef,
um Gottswilln, der Josef,
wo do scho alles

ausgmacht worn is.
De Schand, de Schand,
i ertrag's net.
Akrat der arm Josef,
der Josef, der so
a guader Mensch is.
Des verdeant er do net,
des derf i eahm net odoa!
Werd er mi verlassn?
Was für an Elend!

Aber wann i mei Hand
da auf mein Leib leg,
so bist du do da drin,
du winzigs kloas Weserl.
Und i derfat dei Muadder sei,
aber was für oane:
a Muadder, de nix mehr,
gar nix mehr versteht,
de eher ans Sterbn denkt.

I daad alles tragn,
de Beschwernis und Schmerzn,
mei Lebn daad i gebn,
bal's nacha so sei will,
bloß daß du lebn derfst,
wenn nur alls recht waar.

Da gibt's do so Leit,
de kenna was machn.
I hab mal was ghört,
wo gwischpert worn is.
Aber is denn des recht,

as Kind nehma lassn?
Des is do dann tot
und kann nix dafür.
I bin's doch, i,
der wo des passiert is.
I muaß do büaßn
und woaß net warum.

Wenn i mir 's Lebn nimm,
du unschuldigs Lebn, du,
dann löscht do du aa aus
und d' Hoffnung mit dir:
de Hoffnung auf Sonna,
de Hoffnung auf Himmel,
auf Bloama, auf Vögel,
auf Liab, auf Bewegung,
auf a Liadl, wo d' Muadder
am Bett singt mit dir.

A, Kinderl, verzeih ma,
was is scho de Hoffnung!
Schaug mi o, dei Muadder,
gspür 's Elend mit mir.
O wär i do nia
auf de Welt da kemma.
O Muadder, hättst du mi
do niamals geborn.

Schaug Kind, vielleicht kaam
für di aa des Stündl,
wo du desselm sagst,
was dei Muadder jetz sagt.
Und wenn's d' Sterbestund is,

wo der Tod dir dei Lebn
gnadlos abdruckt.

Da sitz i, d' Maria,
und war vor a Zeit no,
is gar net lang her,
a Madl voll Freid,
a Mensch voller Liab,
a Braut voller Sehnsucht,
und was bin i jetz?

I kunnt a Stoa wern
an irgenda Straßn.
Laßts mi voller Staub sei,
der Regn wascht's scho weg,
und der Schnee deckt mi zua,
wenn's Winter worn is.

Herrgott im Himmel!
Was hab i denn ogstellt?
Was strafst mi denn so?
Warum denn grad i?

Maria Hoffnung

I steh wia vom Traum auf,
aber i woaß scho,
i hab des net tramt,
es is alles wahr:
I bin schwanger,
i bin in der Hoffnung,
so hoaßn des d' Leit.
Soso, in der Hoffnung,
jaja, in der Hoffnung!
Als ob des a Hoffnung waar
für mi.
Gibt's denn koane?

Da is mei Stüberl,
mei Bett und mei Kastn,
da is as Fenster
und am Nachbarn sei Haus.
Drunt werkelt mei Muadder,
draußt rattert a Wagn,
und i steh am Tisch
und halt mi ei.

Warum hab i denn Angst?
Was fürcht i denn eigentli?
Daß i a Kind kriag?
Des is mehr scho passiert.
Und des auf d' Welt bringa,
des kann i wohl aa no,
i bin do gsund,

i halt do was aus!
Daß d' Muadder recht woant
und der Vadder an Krach macht,
warum denn, so frag i,
regn de si so auf?
Weil d' Nachbarn jetz redn
und sagn: Jetza habts as.
Vui z'guad seids ihr gwesn,
jetz is as Kreiz da.

Naa, naa,
schlecht bin i net.

I kann mein Kopf hebn.
Schlecht waar i,
wenn i 's Kindl umbringat,
bloß daß de andern
nix redn über mi.

Freili is' wahr,
es hat koan Vadder,
es hat koa Ordnung,
und Not müaß ma tragn.
Gibt a Fuader voll Arbat
und Krankheit und Sorgn,
ebba nia mehr an Mo,
der as Lebn mit mir doalt.

Aber mir zwoa,
mir wern des scho schaffn,
gell Kind, mir zwoa,
mir haltn scho zamm.
Mei Kind du,
du bist do mei Kindl.
Du, laß dir sagn:
I hab di so gern.

O wenn i di sehng kannt!
Do bleib nur in mir drin,
du muaßt no fest wachsn,
es is no net Zeit.
Dei Muadder, de hüat di,
de geht umanander,
als ob der hart Bodn
a Wolkensee waar.

Und wannst auf der Welt bist,
dann derf i di tragn:
I hutsch di und heitsch di,
i druck di an mi.
Dann spaziern mir zwoa
in Gartn schee naus.
Da wo de Bank steht
unter dem Nußbaum,
da setz ma uns hi
und schaung, wia der Wind
in de Blattln drin spuit.

Und Hunger wannst hast,
dann kocht dir mei Muadder,
d' Großmuadder von dir,
a Muaserl, a süaß.
Und der Großvadder gar,
der macht dir, bist größer,
a Wagerl zum Ziahgn.
Des ko er fei guad.

Naanaa, i kenn s' doch,
i kenn do de zwoa.
De lassn do nia
eahna Madl im Stich.
Und wia wern s'
di gern ham,
aso vui gern ham,
daß alle Nachbarn
si freun über uns.
Mir wern net alloa sei.
Naa, mir san net alloa.
I bin net alloa!

Mein Gott,
wie is mir?
Mir brecha schier d' Knia ei.
Vadder im Himmel,
was is mit mir worn?
I hab so vui Freid,
alles freit si in mir.
I fühl mi ganz offn.
Was kommt über mi?

Gott, Gott,
i nimm alles,
alles, was d' gibst,
alles, was d' moanst,
demütig hin.
I versprich dir,
o Vadder,
daß i für mei Kind
mei ganze Kraft gib,
alle Liab, de i hab.
Und es soll,
wenn du willst,
leuchtn für alle,
daß gar de Bösesten
schliaßli den Wunsch ham:
Wenn i nur waar
wia des Kind.

Fürcht di net, Maria,
du bist voller Gnad,
du bist auserwählt worn,
dei Leib tragt a Kind.
Der liabe Gott hat di gsegnet,

der Herr is mit dir.
Fürcht di net,
fürcht di net!

I knia mi am Bodn,
i falt meine Händ.
Dankschön,
Vadder,
dankschön.
Laß uns dei Gnad,
daß i meim Kind
jedn Tag sagn ko:
Gott is mit uns!
Amen.

Wer klopft da?
Wer werd denn da kemma?
Hab i schee aufgramt?
Wer werd denn des sei?
Josef, du bist's?
Josef, du woaßt as?
Josef, du kimmst
trotzdem zu mir?
Josef,
Josef,
Josef...

Maria Jubel

Elisabeth!
Elisabeth,
endli!
I hab kemma müassn.
I bin den Weg raufgstiegn
durchs ganze Gebirg.
Elisabeth,
woaßt du 's von mir?
I kriag a Kind.

Verzeih ma,
daß i von mir red
und net zerst nach dir frag.
Elisabeth!
Wunder,
aa du bist schwanger!
Wia is des nur mögli
in deine Jahr!
I woaß do,
dei Lebn lang
war's allwei
dei Sehnsucht
und jetz, wo du müad werst,
werd's endli wahr.

Elisabeth!
mir zwoa,
du und i,

da tragt jede a Kind.
Frag mi net,
i versteh's net.
Es war schwer.
Aber der Josef
bleibt bei mir.

Wenn i da steh,
bei dir aufm Berg,
und nunterschaug,
wo d' Leit druntn wohna,
so sag i bloß no:
I hab alls hinter mir.
Über mir
is der Himmel
und in mir
mei Kind.

Mein Gott,
de Leit drunt,
jetz ham s' as so schwer,
bis' des Lebn verdeana.
Sie rackern und plagn si
durch ihre Tag.
Wo is da oa Haus,
des ohne Sorgn is.
Da sitzt de Not am Tisch,
a andrer is lahm.
De woant si d' Augn laar,
weil der Liabste is ganga.
Heit steht as Troad da,
und morgn is alls hi.

O Elisabeth,
warum san s' denn so bös!
Is d' Welt do so schee!
Schaug nur des Bleamerl o,
bloß des kloa gelbe:
a Handerl voll Glanz,
und schmecka duad's aa,
als ob's aufsinga wollt:
I bin selig!

Was sagst, Elisabeth?
Der Duft is koa Jubel?
Is bloß zwegn de Biena,
weil 's Angst hat vorm Sterbn?
Elisabeth, moanst,
daß' Angst ham mitnander?
Froh wolltn s' sei,
aber 's Lebn is so schwaar?
Angst vor am Hunger
und vor der Kältn,
Angst aa vor Schmerzn
und vorm Alloasei,
Angst vor der Schinderei
und aa vorm Tod?

O Gott,
du hast do d' Welt gschaffn,
vo dir is as Lebn!
Warum denn de Angst?
Schick doch a Botschaft,
a frohe Botschaft!
Tröst do de Arma,
daß' wieder vertraun.

Ach Elisabeth,
mir is grad,
als ob des mei Kind,
i trau's fast net sagn,
a Liacht werd,
wo nausgeht in d' Welt
und alle Leit wärmt,
so wia's in der Schrift steht
aus uralter Zeit:

Wer Hunger hat, kriagt was.
De am Bodn liegn, hebt er auf,
und de Gwaltigen stürzt er
von ihrm angmaßtn Thron,
und de Reichn stehn da,
laar und alloa.

Gott, Gott, liaber Gott,
mei ganze Seel singt dir zua.
Und was i denkn kann,
gfreit si in mir.
Du machst alles guad.
Du hast runtergschaut
voller Gnaden auf mi,
auf mi gringe Magd.
Selig wern preisn mi
alle Menschen und Kinder.
I kann's kaum dertragn,
was da gschiecht an mir.
Du bist heilig.
Du hast Erbarmen
ewig für alle,
de hiknian vor dir.

Elisabeth,
du bist so staad?
Du streichst mir mei Hand?
Warum sagst denn du nix?
Komm red halt mit mir,
du hast doch Erfahrung.
Is des net guad,
daß i gspür so vui Glück?
O nimm mi in' Arm!
Mi schaudert's im Körper.
i bin wia voll Fiaber,
i hab jetz Angst!

Da san mir zwoa Frauen
mit unsere Kinder,
und drunt is a Meer
voll Verzweiflung und Not!

Elisabeth, bittschee
schick mi net weiter.
Komm, halt ma uns fest!
Was werd no alles sei?

Maria Not

Ach liaber Josef,
es kommt scho wieder,
nur a weng rastn,
dann schaff i 's no
bis zu dem Stall,
ma siecht 'n a bisserl.

Oooooh,
gib mir dei Hand,
dei guade Hand,
daß i mi haltn ko,
du liaber Mo.

Mei Josef,
wer hätt des denkt,
wia du wieder kemma bist
und i voller Jubel war,
daß des so weitergeht
mit uns zwoa.

Jetzt steh ma wia Beddelleit
am Feldweg heraußt.
Des hast du net verdeant,
hast ma do helfa wolln,
und jetz muaßt du des tragn.

Was alls gsagt ham zu dir,
Josef, i hab's scho ghört.
Wenigstens hat der Hund

bloß den Mantel zrissn,
i flick 'n wieder.

Josef, i bitt di,
dua di net gräma.
I woaß do,
wia i di derbarm.
Aber i schaff's scho,
i wer' 's Kindl scho bringa.
I bin voller Muat,
und du bist bei mir.

Liaber Josef,
im Staub von der Straßn
kunnt i mi hiknian,
mei Gsicht in dei Hand legn,
weil du so guad bist
und mi net verlaßt.

Oh, i gspür's wieder.
's werd Zeit, daß ma genga.
Daß dem Kaiser in Rom
des grad jetz einfalln muaß.
D' Leit will er zählt ham
und schickt uns im Winter
auf de harte Roas.

Freili, er woaß net,
was seine Beamtn
mit uns alls ofanga.
De verstehnga's ja selm net,
duan halt, was ogschafft is,
und des möglichst oafach.
Wer versteht si denn scho!

Aber der Herrgott,
der hätt's do gwußt!
Warum laßt er 's zua?
Dahoam steht de Wiagn
und 's warme Bedderl,
san Vadder und Muadder,
und i geh in an Stall.

Was hab i denn falsch gmacht?
I hab mi do gfreit!
Was hab i bet zu eahm,
was hab i versprochn!
Mein heiligsten Willn
eahm vor de Füaß glegt,
und jetz geh i da.

O Josef, a bisserl
laß mi verschnaufa.
Irgendwas stimmt net.
I bin z'hochmüati gwesn.
I hab in meim Jubel
fürs Kindl was zammträumt.
Jetz zoagt mir der Herr,
wer Herr is im Lebn.

Im Winter muaß i,
und Nacht is',
auf d' Straßn geh.
Jeder Mensch schickt uns weiter,
in an Stall muaß i eina
zu de Viecher,
bis z'unterst in d' Armut.

Josef,
es werd scho recht sei.
Er werd's scho wissn,
warum des so is.
Wenn ma sein Gott will,
muaß ma ois hergebn.
I bin eine Magd des Herrn,
mir geschehe nach seinem Wort.

Jetz geh ma
bis zu dem Felsstoa,
und dann probier ma,
daß ma den Dornbaum
derwischn,
wo seine Ast
in Weg uns reistreckt,
und dann no den Stall,
liaber Herrgott,
bloß no den Stall,
daß i mi hilegn ko.
Es is
an der Zeit.

Das Kind

Kindl,
da liegst jetz,
und vorbei is de Marter,
wos d' ausgstandn hast,
bis d' auf der Welt warst.

Jetz is alls frei!
Nix engt di mehr,
und Raum is um di,
Luft,
Luft is des,
wo du einschnaufst,
Luft von dera,
der deinigen Welt.

Vielleicht duad's da weh,
Weil's gar aso koit is,
weh in deim Naserl,
weh in deim Schlund.
Und riacha duad's aa,
weilst in am Stall bist.
Mei, 's san halt Viecher.

Doch gschnupper nur zua,
dann schmeckst as Heu.
Des riacht nach Bloama,
nach Sonna und Wind.
A schneeweiße Wolkn
segelt am Himmel,

Schmetterling schaukeln,
und a Wasserl gurgelt
Stoa über Stoa,
bis' druntn am Wald is.

Mei Kind,
wia schee is do
d' Erdn aufblüaht,
seit s' unser Gottvadder
ausgsaat hat,
ausgsaat ins öde Nixdasei,
ausgsaat hat
mit seim Wort.

Do du liegst im Stall,
und zwischn de Sparrn
schaugt der Nachthimmel rei.
Ja, des san Stern,
Stern, de so blinkern,
weit fort san de Stern,
und do so nah,
daß' zu uns ghörn.

Horch nur,
wia's staad is.
Ma hört schier
de Ewigkeit singa,
wia sa si draaht
und allwei no fortdraaht
in d' Unendlichkeit naus.

Bloß, was da so knuschpert,
des is halt der Ochs,

der frißt sei Heu,
und der Esel stampft ab und zua
und schüttelt si
an Beiß aus seim Fell.

Hab nur koa Angst!
Da, wo de Welt warm is,
so richtig schee warm is,
so umadum warm,
da steht dei Muadder.
Und de Wärm is nix anders
als Liab für di,
a ganzer Himmel voll Liab.

Und da,
wo's so staad is,
so guad is und staad is,
daß net des kloast Winderl
von irgendwas Bössei
zu dir si hitraut,
da steht der Vadder
und wacht über di.

Du kloas Häuferl Lebn,
da liegst du
und schnaufst.
Das Wort ist Fleisch geworden
und wohnt mitten unter uns.

Mei Kindl,
i knia mi nieder.
Verzeih mir,
was i daherred.

Du verstehst as no net.
Muaßt di aa erst dreifindn
in dei menschlichs Gwand
und muaßt gspürn,
was des hoaßt,
mit Hunger und Durst,
mit Wehmuat und Schmerzn
und letzthi sogar
mitm Tod umgeh.

Aber du,
du werst scho durchschaugn
durch Nebl und Luft
und Wald und Gebirg
und des wunderlich Zeig,
wo mir uns zammspinna,
durch Mond und Sonna,
durch d' Milchstraßn durch,
durch alle Ozean durch,
und aa durch de Träna,
de uns runterlaufn:
Du werst scho durchschaugn
und ihn sehng,
unsern Gott.
Vater unser.

Derf i dei Handerl nehma,
des kloawinzig Handerl,
des Handerl,
so voller Unschuld.
Net de leiseste Spur
von irgendam Tagwerk,
von irgendoaner Schuld

hängt dort an de Fingerl.
Derf i mein Mund
a bisserl drauflegn
und gspürn,
daß du da bist.
Halleluja, halleluja,
du bist da,
der Heiland der Welt.

Die Hirten

Staad is de Nacht heit,
und d' Schaferl san ruhig.
Geh, Thyras, leg di nur hi,
derfst a weng schlafa!
I ko net,
i bin no so wach,
als ob i mein Kopf
in am Quellwasser hätt.

Wia der Himmel si spannt,
alle Stern san aufganga,
de ganz Erdn schlaft,
und de Berg, de liegn da,
als waarn s' lauter Schaf,
lauter stoanerne Schaf.

In Betlehem drunt
rührt si aa nix mehr.
San vui Leit kemma heit.
Woaß gar net, warum.
Was kümmert des mi!
I bin net gern drunt.
Was gilt scho a Hirt
dene, wo 's Geld ham.

Neili war oaner do:
Mir Hirten solln helfa
de Römer vertreibn.
Mir kanntn guad schiaßn,

so hat er gmoant,
und wüßtn de Schlich
in de Berg umanander.

Mei,
was genga uns Hirtn
de Römer o!
Des san aa arme Hund.
Woaßt no, gell Thyras,
wia oaner herobn war
und d' Schaf gestreichelt hat.
D' Augn san eahm naß gwen.
I hab 'n net verstandn,
do moan i, daß er
Hoamweh ghabt hat.
Ganz schwaar is er ganga.

Naanaa,
mir und d' Römer vertreibn!
Mir kanntn uns
d' Köpf eischlagn lassn,
damit sie drunt,
de Ruachn,
wieder doa kenna,
was' wolln.
An Dank von dene
braucht koaner derwartn.

Was is jetz da drübn?
Da brennt a kloans Liachtl.
Des muaß in dem Stall sei,
wo am Kirnbauer ghört.
Des is aber komisch,

daß in dem Bruchwerk,
fallt eh scho bald zamma,
a Liachtl brennt.

Am Schluß is' a Gsindl!
Müaß ma aufpassn, Thyras.
I richt ma a Schleider
und leg an Stoa ei.
Halt, da steht oaner!
Bin i jetz derschrocka!
Hö du! Was willst denn?
Schleich net aso rum.
I laß sonst mein Hund los.
Gib Antwort, wer bist?
A Pfiff, und de Hirtn
san allesamt da.

Was sagst? Koa Angst ham?
Naa, Angst hab i gar net.
Was sagst, da druntn,
a Kind is geborn?
Was sagst, im Stall drübn,
wo 's Liachtl duad leichtn,
im Kirnberger sein,
a Kind is geborn?
Und guade Leit san s'?
Und d' Betlehemiter
ham de koa Quartier gebn?
Des waar ma nix Neis!

A Kind is geborn,
Thyras, hast ghört,
a Kind is geborn.

Jetz wundert's mi net,
daß d' vorher net bellt hast,
wia der Herr kemma is.
Wann a Lampl auf d' Welt kimmt,
da rührt er si aa net.
D' Viecher san gscheit, Herr.
So, a Kind is geborn.

Ja, da müaß ma helfa!
Hö, Wabn und Steffe,
hö, Vevi und Rupp!
Hö, stehts auf mitanander:
A Kind is geborn,
im Kirnberger Stall drunt.
Solln kreizbrave Leit sei,
und d' Betlehemiter
ham koan Platz ghabt für sie.
Wern halt koa Geld ham.
Hö, Wabn, was moanst,
da braucht's doch a Hilf!

Was ham ma denn da?
An Kaas und a Milli,
vom Lampl a Fleisch
und an Rankn vom Brot.
De Frau braucht zum Zuaklaubn.
A Holz nehmts mit nunter
und an Kruag voller Wasser,
aa as Holzschaffel drent.
Machts eahna a Feier,
des Kind muaß ma waschn.
Vielleicht habts an Hadern,
weil's gfatschelt muaß wern.

A Salbn hab i aa
in meim Fellsackl drin.
Was für d' Viecher guad is,
is fürn Mensch aa net schlecht.
Und de Kotzn, de mei,
da wickeln ma 's eina,
daß' warm drinna hat,
sonst derfriert's in der Nacht.

Gell Thyras, bleibst da,
auf d' Schaferl gibst Obacht.
A Kind is kemma,
woaßt, druntn im Stall.

Was sagst, Herr?
Gott sei Dank sagst.
Und Ehre sei Gott in der Höh!
Herr, da hast recht.
Mir ham zwar net vui,
doch unser Lebn ham ma,
und schee is as Lebn,
is' manchmal aa hart.
Ja,
Ehre sei Gott in der Höh,
weil er uns alls gebn hat,
und net mehr kannst eahm dankn,
als wannst oan a Freid machst,
wo steckt in der Not.

Recht hast, recht hast!
Und Friedn is auf Erdn,
wo guad is der Willn.
Jaja, da fehlt's weit.

Nimm bloß des kloa Kind.
Ihr Ruachn von Betlehem!
A Frau, wo a Kind tragt,
de schmeißt ma net naus.
A Kind is a Hoffnung!
Wer woaß, was des Kind werd,
ebba a König,
wo Ruah bringt in d' Welt?

So Leitln, seids fertig?
Na geh ma zum Kind hi.
Freits eich, seids lustig,
daß de zwoa kriagn koan Schreck!
Zünds o eire Fackeln,
singts, pfeifts und jodelts:
Juhu, du kloans Wuzerl,
mir Hirtn san da!

Kimm Herr! Gehst mit, Herr!
Jetz is er verschwundn.
Des is aber gspassi,
is a braver Herr gwen.
Sei Wort is no da!
Wia hat des glei ghoaßn?
Losts, Hirtn, losts,
des war a guads Wort:
Ehre sei Gott in der Höh
und an Friedn für alle,
de an guadn Willn ham.

Die Weisen

So,
liabwerte Herrn,
es scheint,
daß unser Reis
jetz am End is,
und gfundn ham ma nix.
Der Stern
hat an Narrn
aus uns gmacht,
oder mir kenna
eahm net begreifn.

Is denn des mögli?
Da treffn mir zamm,
von weit ausanander,
der oa schwarz,
der oa braun,
der oa weiß,
und suacha des gleich,
des Kind von de Judn.
Was is des für a Kind,
daß' am Himmel aufleicht!

Am Himmel, wo d' Stern ziahgn
großmachtige Bahnen:
Des is doch de Schrift,
wo Gott selber schreibt.
Wer kunnt denn des sonst no?
Wenn am Himmel was gschriebn is,

is' net bloß a Buach,
dann hoaßt des: Es sei.

Aber da is nix,
liabwerte Herrn,
da is nix.
Hat net jeder von uns
grechnet und gmessn,
nächtelang gschaut,
in de Büacher nachglesn,
Dischkurserer gmacht
mit de glahrtn Kollegen?

Hat net jeder von uns
sein Hausstand verlassn,
seine Taler zammkratzt,
de lang Reis ogfanga
voller Unruah im Herz?

Is net jeder von uns
Tag, Nächt und Wochn,
durch Sonna und Kältn,
durch Durscht und durch Hunger,
durch Felsn und reißende Flüss',
durch Unrat und Ziefern,
Fluachn und Unmuaß,
Not und Verdammtsei,
is net jeder von uns
schier durch a Höll ganga,
und jetz waar's umasunst?

Jetz sitz ma da
auf dem elendign Fleck

irgendwo auf der Welt
hinter dem Nest,
des si Betlehem hoaßt.
As Geld is jetz fort.
Mir wissn all drei net,
mit was ma d' Leit zahln.
Begleit ham s' uns brav.
Oanzig de Gschenka,
de ma ham bringa wolln
dem Liacht von de Menschn,
de ham ma no.

Naa, der Herodes,
er oder sei Sohn,
de warn des bestimmt net.
Da war do de Bosheit
dahoam in dem Haus.
Koan Schritt mehr bracht i
über sei Schwelln.
Da legt si der Tod
oam ins Gwand nei,
bei dene.
I glaub, es is besser,
mir schleicha uns staad
fort aus dem Land,
wo so oan als Herrn hat.

Und erst des Betlehem!
Wer ko des begreifn,
daß de ehrenwert Schrift
den Ort so hoch stellt.
Mit aufghaltne Händ
ham s' uns empfanga,

wia Geier uns gschatzt,
ob mir no was hergebn.
Und wia s' nacha gspannt ham,
daß nimmer vui da is,
daß mir bloß a Kind suachn,
na ham s' uns ausglacht
und d' Türen zuagmacht.

Oh Büacher,
oh Wissenschaft,
oh stille Studierstubn!
Wia schee is do des,
wenn ma zirkelt und schreibt
und Systema zammzimmert
und hochglahrt dischkuriert.
Aber o mei,
de Welt is vui diafer
als unser ganz Gscheitheit,
de Welt und der Herr.
Wenn ma mal moana,
mir ham bloß an Fadn
vom himmlischn Gwand,
dann werd der zu Luft.

Liabwerte Herrn!
Es bleibt uns nix übrig,
als daß ma umkehrn.
Do, wia sagn ma 's de Leit?
Wia sagn ma 's de Leit,
daß mir jetz arm san,
so arm wia sie.
Wia sagn ma 's de Leit,
daß mir uns täuscht ham,

wo sie do droglaubn,
wo mir sie hiführn?

Ko sei, daß uns jetz
de Gwander vom Leib ziahgn
und uns ausspottn.
Recht ham s' nacha.
Aber wenn s' uns no sagn,
mir hättn sie oglogn,
dann waar mir des grad,
als daadn s' as Fleisch mir
von de Knochn reißn.
Nackater kunnt i
dann nimmer sei.

Liabwerte Herrn!
Mein Gott, mein Gott!
Knia ma uns nieder
und bsteh ma 's uns ei:
Mir san Narren,
Narren,
Narren.

Wer singt da?
Hörts ihr des Singa?
Des is a Frau,
wo da singt!
A Frau singt a Kind ei.
Hörts ihr des net?
Da muaß wo a Kind sei!
Wo is des Kind?

Da,
da in dem Stall,

wo der Stern drüber steht.
Naa,
net unser Stern,
der Abendstern is',
und wia schee glanzt der heit!
I hab niamals an Stern gsehng,
der wo so schee glanzt hat.

Gott, und a Kind!
Des muaß des Kind sei.
Jetz zoagt's uns der Herr!
Jetz wo mir am End san,
am End mit der Wissenschaft,
am End vom Reschpekt,
mitm Wohlstand am End:
Jetz gibt's uns der Herr!

Da is as Kind,
in der letztn Hüttn,
nach dem letztn Dorf,
bei de ärmstn Menschn
und ihre Schaf.
Karg is der Bodn,
do mir is grad,
als waar er voll Bloama,
tausend Bloama ringsum,
und tausend Meiln weiter,
wo i dahoam bin,
da schmilzt mir der Schnee.

Jetz hab i 's begriffn:
Der Stern, des war Sehnsucht.
Mir wolltn's derdenkn,

und blind san ma worn.
Machts eier Herz auf,
ganz arm und ganz oafach,
dann zoagt eich der Himmel
des ewige Kind.

Liabwerte Herrn,
Brüader allsamm,
de mit uns zogn san:
Mir san da!
Holts de Gschenk aus der Truchn!
Nehmts d' Instrumenter,
spuits a selige Weis!
Mir san da!
Halleluja!
Kommt, laßt uns betn!
kommt, laßt uns betn!
Amen, amen.

I gib mi in deine Händ

Das Abendmahl

O Herr,
is des schee,
daß mir beinandsitzn
und den Tag feiern,
wo damals,
drunt in Ägyptn,
unser Volk
rausgführt worn is
aus der Not.

Ja, no vui mehrer,
mir san aa da,
da im Gelobten Land,
da
im Jerusalem.

Mei, war des a Freid,
wia s' di ognomma ham.
Gschrian ham s' und gjuchzat:
Hosianna, hosianna!
Bloama ham s' gworfn
und Tüacher hibroat
mitten auf d' Straß
für di.

Naa Herr,
jetz san ma da,
jetz san ma am Ziel.

Und zoagt hast as eahna
im Tempel drobn,
wiast 'n ausgramt hast
den Jahrmarkt,
wo s' zammbaut ham.

Mei,
san de Tisch gflogn
und glaffa san s'
vor deim Zorn.
Woaßt,
so wuatig ham mir
di no nia gsehng.

Und dann deine Redn
im Tempel drin.
So was
werd dene no net
um d' Ohrn pfiffa sei,
de Herrn Pharisäer, so hast du
eahna hoamgleicht.

Wenn du halt was sagst,
merkt ma,
daß du net bloß
mitm Mund redst
oder mitm Hirn,
naa, wenn du was sagst,
dann is des wahr,
weil du uns magst,
uns und alle.

Zum Wohlsei, Herr,
dean ma feiern.
Mir san da im Jerusalem,
und es muaß ja net glei
d' Welt untergeh
und der Tempel zammfalln,
wia du des droht hast.
Naa, der Friedn geht o.

Du werst as scho zwinga,
de Großkopfatn,
daß' endli uns kloane
und arme Leit
mitkemma lassn.
Mir san aa wer,
und der Herrgott is
für an jedn da,
net bloß für de.

Lebn und lebn lassn
hat uns allwei scho goltn.
Wißts no, wia d' Magdalen
zum Herrn kemma is?
Er hat ihr vergebn,
daß der stolz Pharisäer
in Bodn si gschamt hat,
weil sie, de arm Frau,
mehr glaubt hat als er.

So redn s', de Jünger.
Der Herr horcht zua,
er schaugt s' o,

oan nach dem andern.
D' Augn glanzn eahna
vom Wein scho,
und Schneid ham s'.
O Gott,
wia weit werd des glanga.

Ham s' mi verstandn?
Ham s' jemals begriffn,
was i eahna bring.
Oder horchn s' bloß zua
und sagn:
Mei, redt der schee!
Was dua i denn no,
daß' endli aufwachn,
daß' endli umkehrn
und neu wern
wia i.

Er richt si auf,
langsam,
legt as Obergwand ab,
bindt an Leischurz si um
und giaßt aus am Kruag
Wasser ins Schaff.
Ja,
was macht er denn jetz?

Hikniagelt er si,
hi da vorm Petrus,
schaugts,
er wascht eahm d' Füaß.
Herr, schreit der Petrus,

daß du mir de Füaß wascht,
in Ewigkeit net,
nia laß i des zua.

Doch der Herr ziahgt 'n nieder:
Petrus, laß, bittschee,
du verstehst mi no net.
Doch wenn i 's net dua,
Petrus, da fürcht i,
Petrus, du werst des
niamals versteh.

Da bettelt der Petrus:
Naa Herr, i will des!
Dua, was du willst!
Wasch net bloß d' Füaß,
wasch mir meine Händ,
wasch ma mein Kopf,
wasch mi ganz und gar,
i will di versteh.

Der Herr geht zum andern,
er kniagelt si wieder,
er hört net auf.
Erst, wiara fertig is,
schaugt er si o:

I hab eich bloß zoagn wolln,
net Meister und Herr,
naa, Knecht san mir alle.
So sollts aa ihr sei,
dann werds ihr selig.

Des trifft eahna schwaar.
Sie san durchanander.
Sie spürn, wia der Herr,
wia er bitt, wia er fleht:
Versteh mi,
mach doch dei Herz auf,
nimm mi nei,
wer' endli wia i.

Sie san wia die Schaf,
denkt si der Herr,
sie laufn am Hirt nach
in der Herdn
recht brav.
Ja,
wia so a Lamperl,
wo s' jetzt grad oans auftragn.
Gschlacht ham s' as,
unschuldi,
weg von der Muadder,
für uns alle.
Werd's an Hunger stilln?
Den vielleicht scho,
a anderer bleibt.

I bin a so a Lamm,
denkt si der Herr,
und er siecht si wandern,
landauf und landab,
im Gras, unterm Baum,
am Wasser, und d' Sonn scheint . . .
I bin a so a Lamm;

sterbn muaß i,
daß' satt wern.

Staad sitzn s' da
und essn ihr Mahl.
Sie traun si kaum aufschaugn,
si gspürn seine Blick.
Endli sagt oaner:

Herr, sprich an Tischdank.
Du kannst as schöner
wia jeder von uns.

Der Herr steht auf
und nimmt 's Brot.
Und des Brot riacht
nach Erdn, nach Schwitz,
nach zerschundene Händ
und nach Feierabend,
wo ma müad hoamgeht.
Riacht aber aa
nach der Gluat vom Backofn,
der 's zum Brot gwandelt hat,
nach der grausama Gluat.

Er halt 's Brot voller Dank
und sagt ganz ruhig:
Schaugts, des bin i.
Und wia i des Brot brich,
so wern s' mi zerbrechn
für eich.
Nehmts und eßts,
und wenn i nimmer bin,
und ihr seids voller Unruah:
Teilts eich a Brot
und denkts an meiner.

Dann hebt er den Becher.
Der Gruch von dem Wein
steigt zu eahm auf,
Gruch von am nackatn,
stoanign Bodn,

wo d' Sonnhitzn brennt
und d' Traubn drüber kochn,
Gruch aa vom Kellergrab,
wo des Süaße vergorn werd,
daß' uns de Angst nimmt.

Er sagt Dank.
Mei Bluat, sagt er,
schaugts, mei Bluat!
Es werd vergossn wern.
Trinkts aus dem Becher.
Des is der Bund,
der Bund mitm Himmelreich,
daß durch mein Tod
Sündn vergebn wern
eich und vui andere.

Nach ara Weil
is nomal sei Stimm.
Ganz staad sagt er 's eahna,
doch is wiara Blitz,
der d' Nachtn aufreißt:
Oaner von eich
wird mi verratn.

Verratn?
Herr?
Di verratn?
Wiaso denn? Warum?
Bin i des,
der di verratn duad?
Wer? Sag doch?
Wer denn von uns?

Am Ölberg

Alle schlafas,
de gsagt ham:
Herr,
mir genga mit,
Herr, mir bleibn
scho bei dir.
Herr,
du brauchst net alloa sei
mit deine schwaarn Traum,
wo di plagn.
Und des mitm Judas,
des richt si scho wieder,
mir ham eahm d' Meinung
scho gsagt.
Komm, Herr,
geh ma in d' Luft naus.
Vielleicht scheint no der Mond
und leicht uns Jerusalem o.
Mir san scho bei dir,
ham s' gsagt.
Und jetz schlafa s'.

Und er is alloa.
Bäum san da,
Felsn, Luft, Nacht und Stern,
Gras und weng Naßtau,
Sand unter de Füaß,

warm no vom Tag.
Und sonst nix.

Naa,
da hint is Jerusalem.
Liacht, Lärm, Lachn . . .
Von da kommt as Unheil.
Von da kommt der Tod.
Vielleicht is er scho
aufm Weg.

Was wern s' mit mir machn?
Schlagn, bindn,
vors Gricht schleppn,
niederplärrn,
umanandstessn,
an Bodn schmeißn,
mit de Füaß neihaun,
d' Leit aufhetzn,
Stoana schmeißn,
Stoana,
Stoana,
Ooh . . .

I hab Angst,
ob i des durchsteh,
ob i net schrei,
ob i net beddel,
sie solln si derbarma,
ob i net sag,
i dua alls,
was ihr wollts.

I widerruaf,
bloß laßts mi sei.

Vadder,
wo bist denn,
Vadder, i siech di nimmer.
I hab doch von dir
allwei predigt und gredt,
hab mi doch ganz
in deine Händ gspürt
und in deim Nama.
Des konn do net sei,
daß i di
nimmer find.

Stoa,
red doch du!
Wind, sag was!
Nachtvogl,
is denn dei Schroa
irganda Botschaft für mi!
Bist denn du, Baum,
an den i mi klammer,
du,
liaber Bodn, guader Bodn,
des letzte,
wo mi no halt.

Da,
da liegn s' und schlafa s',
sie, meine Jünger,
sie, de solln naustragn
as Himmelreich in d' Welt.

Schaug nur, wia s' müad san.
Wolln daadn s' scho,
aber 's Fleisch is halt schwach.

Hö, ihr Apostel,
kennts ihr net wachn?
Bets doch wenigstens
a bisserl mit mir.
Bets, bets,
ihr werds as
no brauchn.

Gott,
versteßt mi denn du?
Is alles net wahr gwen?
Warn alles nur Sprüch?
I, as Liacht von der Welt?
Hochmuat,
Dummsei,
Narretei?
Bin i verlorn,
aufgebn von dir?

Alles is mögli,
so hab i vorausgsagt,
alles is mögli,
wenn ma nur glaubt ...
Jetz Himmel, mach auf,
Vadder,
nimm hoam mi!
Laß de Schand und des Leidn
vorbeigeh an mir!

Vadder,
i bin da,
und i net alloanigs,
alle Armselign,
alle de bravn Leit,
alle Zammgschundna
alle, de traurig san,
alle, de ghungert ham
nach der Gerechtigkeit,
alle san s' da!

Des End is doch kemma!
Hab Gnaden für alle,
de auf de Botschaft hin
umkehrt si ham.
Sie wartn aufs Festmahl,
auf Liab, auf Erbarmung,
sie schenkn des Lebn her,
wolln Kind sei bei dir.

Und de andern?
Schaug, sie verfolgn mi,
sie wolln mi umbringa.
Angst ham s' um ihr arme,
kloaselige Herrlichkeit:
In prangate Gwander
vor d' Leit si histelln,
an de Wort umaklaubn
und Gsetzer aufgebn,
unduldi sei, ja,
Weihrauch verbrenna,
Gott, Gott singa . . .

73

Aber sehng sie di wirkli?
Sie san so voller Haß.

Warum denn? I will doch
de Menschn rettn,
daß' findn zu dir
und net verlorn san.
Du bist ja nix anders
als Liab ohne Aufhörn,
es gspürt di doch der bloß,
der selber Liab is.

Vadder,
du sagst nix.
I woaß, du bist groß.
Du bist de Stern drobn,
wo so koit glitzn,
und der staad Wind,
wo im Ölbaum drin waaht.
Du bist der Berg,
wo schwarz hinterm Tal steigt,
du bist der Bach,
der im Grund druntn rauscht.

Gott,
soll i gehn?
Soll i s' alloa lassn,
de wo da drübn schlafa.
I bin doch ihr Trost.
Sie vertraun doch auf mi
und die tausend und tausend,
wo dahinter no wartn,

im Dunkeln no steh,
aa beim helliachtn Tag.

Naa,
i muaß sterbn.
I will des Korn sei,
wo neifallt in Bodn
und hundertmal mehr bringt,
wenn's wieder kimmt.
Sie müassn sehng,
daß des, was i sag,
wahr is,
bis in Tod nei.

Gott,
i knia vor dir,
muadderseelenalloanig,
alloa in der Nacht.
I versteh's nimmer,
will i oder du.
I laß es gschehng.
I gib mi in deine Händ.
Amen.

Petrus

Der Gockel hat kraaht,
da drobn auf der Mauer,
da steht er
und kraaht,
der Gockel.
Was bist du für a Viech?
Wer hat's dir denn gsagt,
daß du kraahn sollst?
Bist du a Deifelsviech,
des mi jetz holn will,
oder kommst du vom Gricht,
vom himmlischen Gricht,
und schreist:
Verdammt is er,
verdammt is er,
verdammt is er,
der Petrus.

O Jesus,
i konn's net glaubn,
dreimal verratn,
wia, daß d' as du gsagt hast,
dreimal verratn
in ara halbatn Stund.

Und was hab i gsagt?
Mei Lebn gib i her
fürn Herrn Jesus.
De soll ma nur kemma,

dene zoag i 's,
wer der Petrus is,
da hau i scho drei.
Moants, daß mir Fischer
koane Fäust ham?
Mir san was gwohnt,
wenn der Sturm kimmt
oder wenn mir die Netz
schwaar ziahgn ausm See.

Hab i gsagt, ja.
Und was hab i do?
Am Malchus, dem Knechtl,
's Ohrwaschl abgschlagn,
i, der Petrus, der Held.
Und dann dreimal verratn
in ara halbatn Stund.
Wia daß d' as du gsagt hast.

O Jesus,
oans tröst mi,
aa du hast di täuscht.
Woaßt no, wiast gsagt hast:
Du bist Petrus,
der Fels.
I und a Fels.
Dreimal verratn!
A woachs Bröckerl bin i,
a Loam,
a Lettn,
a Sumpfloch,
aber koa Fels!

An Schlüssel vom Himmelreich
wolltast mir gebn,
der Höll ihre Pfortn,
de sollt mi nia kloakriagn.
Ja, wann s' mi nur holatn,
alle zehntausend Deifi
und ins finsterste Loch
von der Höll
neiwarfn,
neistampfatn,
neibrennatn,
daß i di nimmer sehngn muaß,
nimmer sehngn derf,
Herr Jesus Christus,
so schaam i mi.

Du bist Christus, der Herr,
hab i gsagt,
wiast mi gfragt hast,
daß mir glaubn,
wer du bist.
Du bist Christus,
der Sohn
vom lebendigen Gott.

Und jetz hock i heraußt,
heraußt vor der Mauer,
in ara Hollerstaudn,
i, der Petrus,
der beim Christus gwen is.
I hock da heraußt,
mittn im Dreck,
den wo s' von der Stadt

außaschmeißn.
Da ghör i hi.

Wohin solln mir gehn,
hab i amal
gsagt zu dir.
Wohin soll mir gehn?
Wo doch du
de Wort vom Lebn hast,
vom ewigen Lebn.
Und wohin bin i ganga?
Gschlicha hab i mi,
verlaugnt hab i di,
di
und das ewige Lebn.

So oaner bin i,
naa, nimmer der Petrus,
der Fels,
bloß no der Simmerl,
am Jonas sei Bua,
a ganz kloaner Simmerl.

Und du?
Du,
liaber Herr Jesus,
was hast du do mit mir?
Woaßt no,
erst gesting auf d' Nacht?
D' Füaß hast ma gwaschn,
du
mir.
Als ob i krank waar.

Ja, i bin krank!
I hab's gar net gwußt,
wia krank daß i bin.
I hab d' fiabrige Feigheit,
i hab d' eitrige Luag,
i hab 's Maul voller Krätzn,
und du hast as gwußt,
wia krank daß i bin.
Du hast as gwußt.

Mir alle san krank.
Oh, wia mir di brauchn.
Und i?
Raushaun hätt i di kenna,
was kenna, müaßn hätt i!
Aber du hast as net wolln,
du hast as net wolln,
Jesus, du hast as net wolln.
Wo gehst du hin?

Einer vom Hohen Rat

Jetz ham ma 'n,
jetz kenna ma 'n packa,
jetz hat er 's gsagt:
Ich bin Gottes Sohn!
Pfui, pfui, pfuideifi!
Gotteslästerung!
Jetz san ma 'n los!
Da gibt's nix mehr
als bloß no:
Ans Kreiz mit ihm,
ans Kreiz mit ihm!

Endli
ham mir die Angst weg.
Mei, hat uns der zuagsetzt.
Ja, was hätt denn net der
bei uns alles eigführt!
Bei uns gibt's a Gsetz
und nomal a Gsetz.
Wer halt denn des besser
als mir Pharisäer?
Mir san die ganz Reina,
des Vorbuid vom Volk.
Und wer an uns krittelt,
der krittelt am Gsetz.
Da laß ma nix deuteln.

Zerst kimmt der Sabbat,
da derf oafach nix doa wern.

Und er?
Kranke hat er zammgricht,
gähert ham s' auf de Felder,
er und de,
wo eahm nachglaffa san.

An Tisch si hisetzn,
koane Waschungen macha,
is gegas Gebot,
wo seit alter Zeit is.
So sagn's uns de Väter,
und da werd net lang gfragt,
ob's as braucht oder net.

Mir gebn unsern Zehntn,
mir fastn de Wocha,
aber er und sei Gsellschaft,
ham de vielleicht gfast?
Ham de vielleicht garbat?
Ja,
mitm Gsindel si rumtreibn,
des duad ma, hast Anstand,
des duast einfach net.
Ma muaß doch Gott dankn,
daß ma net is
wia de.

Und dann no de Frechheit,
wia er im Tempel
den Hof ausgramt hat.
Is er der Vorsteher?
Des muaß oafach sei,
daß da oben a Gschäft geht,

damit de vuin Leit
zum Opfern was ham.

Und dann hockt si er,
der Zimmermannsbua,
von Nazareth is er,
von wo doch no nia
was Gscheits kemma is,
in Tempel nei
und will lehrn.

Und was er alls glehrt hat:
Er kunnt Sündn vergebn.
Des is doch unmögli!
Und der Sabbat, der waar
für die Menschn jetz da
und net mir fürn Sabbat.
Des is a Sünd!
Den Tempel abbrechn
will er mit seim Maulwerk
und in drei Tag wieder aufbaun.
Is des net verruckt?

Und raffiniert ko der sei!
Mir wolltn eahm reilegen,
ob ma an Kaiser soll zinsn.
Wißts no, wia er uns
die Antwort gebn hat?
Am Kaiser sollst gebn,
was am Kaiser sei Geld is,
und Gott soll ma gebn,
was des seinige is.
Ghabt ham ma 's!

Und dann mit de Wunder!
Was d' Leit alls zammredn:
Er hätt Deifi austriebn,
Aussatzige greinigt,
Brot hätt er gmehrt
und fünftausend gspeist
mit a paar Semmeln
und a paar Fisch.
Ja,
er hätt sogar,
i mag's fast net sagn,
er hätt sogar,
wirkli,
er hätt Tote aufgweckt.

Ja,
wenn so was verzählt werd,
dann is wirkli koa Wunder,
daß d' Leit plärrn, wia neili,
wo in d' Stadt er zogn is:
Hosianna, hosianna
dem Sohne Davids.

Doch wia ma eahm gsagt ham,
er soll des verbiatn,
was moanst, daß er gsagt hat:
Wenn de des net sagn,
na fanga de Stoaner
zum Schrein o!

Ja, und uns selber!
was hat er uns alls ghoaßn:
Heuchler warn mir,
Blinde und Narrn,

inwendig Tote,
Schlanga und Otternbruat,
Kamelschlucker.
Ja,
muaß ma sie denn
alls biatn lassn?

Mir plagn uns aso,
damit d' Leit sehng,
wia ma brav is!
Und der?
Der zerstört an Respekt,
der hetzt d' Leit auf,
da geht no alls
drunter und drüber.
Da hat der Kaiphas scho recht,
daß besser oa Mensch stirbt,
bevor 's Volk ganz draufgeht.

Auf Leit,
zu de Leit naus!
Sagts as eahna,
was des für oaner is!
Gotteslästerung!
Höchste Zeit werd's!
Sterbn muaß er,
bevor 's Fest kimmt!
D' Leit müassn renna
zum Pilatus sein Haus.
Der Römer muaß wissn:
Mir wolln,
daß der stirbt!
Ans Kreiz mit ihm!
Ans Kreiz mit ihm!

Karl Caspars Passions-Triptychon,
das heute in der Krypta des Münchener Liebfrauendoms den
ihm gebührenden Platz gefunden hat, ist im Jahre 1916
entstanden. Doch nicht nur jene geistige Erschütterung, die
der Erste Weltkrieg in Europa auslöste und die sich auch in
der Literatur dieser Zeit widerspiegelt, führte den jungen
Maler zum biblischen Stoff der Leidensgeschichte, schon
lange vorher zeigt sich Carl Caspar durch die Szenen der
Passion bedrängt, wie ihn überhaupt ein tiefer Glaube ein
Leben lang zu immer neuer künstlerischer Verlebendigung
der großen Augenblicke des biblischen Heilsdramas trieb.
Im Passions-Triptychon selbst bildet die Darstellung der
Pieta, der Schmerzensmutter, die ihren toten Sohn in den
Armen hält, den Mittelpunkt und Mittelteil, um den sich zu
beiden Seiten die acht kleineren Szenen gruppieren. Sie
beginnen mit dem Abendmahl und enden mit der Auferste-
hung. Das Abendmahl führt in strenger ovaler Komposition
auf den Meister zu. Wieder in neuem Bildaufbau der Herr
am Ölberg, von einem Engel getröstet. Geißelung und Dor-
nenkrönung zeigen im Vergleich zu mittelalterlichen Dar-
stellungen eine herbe Mäßigung. Beim Fall unter dem Kreuz
prägt der schwere Kreuzesbalken quer diagonal durch das
Bild Gestaltung und Aussage. Mit der Auferstehung verbin-
det sich geheimnisvoll aus dem Jenseits herströmendes und
herüberwirkendes Licht. Diese acht bewegten Szenen erfah-
ren durch die für Carl Caspar charakteristischen Farben Rot,
Violett, Gelb, Blaßgrau oder Grüngrau eine Einheit, die
schon auf der Darstellung der Pieta durch die graublauen
Nuancierungen hergestellt wird.

Pilatus

Welch ein Volk,
diese Juden!
Ich habe wahrlich
im römischen Reich
genug Völker gesehen,
aber die hier,
mit ihrem alleinigen Gott,
der sie auserwählt hat,
erwählt haben soll,
die sind einzig.

Sicher glaubt jeder,
sein Gott, seine Götter,
die wären die Wahrheit,
sonst wär's wohl kein Glaube.
Aber wir Römer,
wir wissen nicht mehr
aus unserer Erfahrung,
wo Zuflucht ist.

Ist sie bei allen?
Oder bei einem?
Ich sehe nur hier:
Dieser einzige Gott
ändert auch nichts
am Menschen.

Oh diese Plebs!
Sie haben ihn doch,

vor wenigen Tagen,
mit Jubel empfangen
– man hat mir berichtet –
und heut: solch ein Haß!

Aber wen wundert's?
Ich weiß doch von Rom,
wie man Volksstimmung macht.
Ich könnte speien,
wenn diese Oberen
in Prunkgewändern
und frommen Gesichtern
mir das Volk zeigen
und sagen:
Sieh, was es will!

Ich höre die Klage,
die sie vorschieben,
damit ich den Todesspruch
aussprechen soll:
Wer sich zum König macht,
ist gegen den Kaiser.

Dieser Mensch hier ein König!
Sein Reich sei,
sagt er,
nicht von dieser Welt!
Phantast! Spinner!
Und was geht mich
ein Messias an?

Ich bin Politiker,
und meine Aufgabe

ist hier nicht das Recht,
sondern die Ordnung,
die Sicherung des römischen Anspruchs.
Es ist mir gleichgültig,
ob ein Jude mehr
am Kreuz stirbt.

Und schließlich: Ich selbst.
Ich werde nicht
wegen denen da stolpern.
Ich muß auf der Hut sein!
Ein falsches Wort,
und die Wut bricht los
wie ein Vulkan.
Nein, nein, nein!

Nun ja, einen Vorteil
bringt mir dieser Tor hier:
Der Vierfürst Herodes,
mein Feind um den Kaiser,
schickt ihn mir zurück
im weißen Gewand.
Das heißt doch Versöhnung.

Dieser Jesus! Eigentlich
ist's schade um ihn.
Es scheint so,
als sei er der einzige,
der in der Masse
von Dummheit und Hochmut,
Verführung und Wut,
als ob er der einzige wäre,
der weiß, was er tut.

Ich glaube, er betet,
und er betet,
so wie er hinabschaut,
nicht für sich,
sondern für sie.
Weiß er die Wahrheit?

Sehet den Menschen!
Es beugt mir schier
meine Knie.
So viel Erbarmen,
so viel Weisheit,
so viel Hoffnung
und, in der menschlichen Angst,
so viel Mut.

Wahrlich ein König!
Aber ich kann ihn nicht retten!
Ich müßte die Welt verändern.
Und so sei es:
Sie sollen ihn haben!
Über sie
komme sein Blut
und über die Kinder.
Sie wollen es so.
Ich aber wasche
meine Hände in Unschuld.

Aber ich will,
daß es geschrieben steht:
Dieser Mensch ist ein König,
ein König
unter den Juden.

Und wenn sie ihn töten,
so soll er 's
– ich will sie verhöhnen –
so soll er 's
im Tode noch sein.

Die Verspottung

Kumm her,
kloaner Jud!
Du bist na,
so moanst du,
dene Judn ihr Kini?
Do müassn mir freili
für di ebbas doa.

Hö Burschn,
kommts her!
Des gibt a Pfundsgaudi!
Mir deana, paßts auf,
den Kini verehrn.

Zerst müaß ma 'n oziahgn.
Da brauch ma a Krona.
Hö Hiasl, i moan,
da richst du oane zamm.
Du Sepp, drunt am Weiher,
da hab i erst neuli
a paar Rohrkolbn gsehng.
A Szepter gaab des.

Und na brauch ma a Gwand,
a purpurrots Zeugl.
Hat net d' Rosl vom Wirt
so an Unterrock o.
De gibt 'n net her?
Halt, an Hauptmann sei Pritschn

hat do so an Fetzn
als Frisierhangerl um.

Jetzt Kiniglein, kimm,
hock di her auf den Bock da
und dua net lang rum,
sonst watsch i di glei.
De ham di guad gstrickst,
und des Bluat lauft dir sauber,
doch is des net alls,
mir kenna no mehr.

A Hiasl, da bist scho.
Mensch, des is a Einfall,
der hat glei die Krona
aus Dornastl gmacht.
So, König der Juden,
jetzt wirst du gekrönet!
Hau's mitm Stock fest,
sonst stichst da in d' Händ.

Und da is der Mantel.
Is a durchsichtigs Zeugl!
Ma sehat bei der Nelli
scho mehrer wia bei dir.
Ob du net glei staad haltst,
da hast was, du Zwischperl!
Und jetzt nimmst no vom Sepp
des schee Szepter in d' Händ.

Aaaah,
jetzt ham ma den König!
Manner, kniats nieder

Skizze zu Bild Seite 99

und zoagts eahm, wie mir
solche König verehrn.
I zähl oans, zwoa, drei,
na speibts eahm in d' Larva,
und dann muaß er sagn,
was für Gnad er uns gibt.

Juhu, guad is troffa,
und jetzt mach dei Maul auf:
verzähl mal was Schöns,
was du uns vergunnst.
Was, willst net redn?
Du, schaug da mei Faust o!
Du hast ja, des woaß i,
landauf, landab gschmatzt.

Von der Liebe, des kenn i,
seine Feind soll ma lieben.
Jetzt, Jesulein, lieb mich,
i bin ganz bei dir.
Und vom Vadder im Himmel
willst du doch der Sohn sein.
Jetzt schmier i dir oane,
will schaugn, ob er hilft.

No, blitz in mei Hand nei,
i hab scho de ander,
wia ma 's beim Schwörn macht,
zum Bodn higstreckt.
Nix gschiecht, König Jesus,
wo is dei Gottvadder?
Gibt's koan oder mag er
als Sohn di net ham?

117

Du werst so a Kini sei,
du windigskloans Bürscherl
– er redt nix und deut nix –
dir zoagn ma 's Regiern.
Ziahgts eahm do sei Szepter
rund um an Schädl!
Schmeißts 'n vom Bock
in d' Drecklacha nei.

Hörts auf mit de Prügel,
der is wia a Lamperl,
da muaßt di ja schaama,
wennst d' Kraft so verhaust.
Schaug mi fei net o,
du brauchst ma koan Dank sagn,
sonst packt mi no d' Wuat,
i derschlag di no, i.

Wegschaffa sollts 'n!
Werfts 'n no über d' Treppn!
I ko des arm Mannsbuid
nimmer vertragn.
Was is des für oaner?
Mir sterbn schier d' Arm ab.
Ja, Herrgott im Himmel,
hab i was Schlechts do?

Judas

Da,
Pharisäer,
da is as Geld!
I schmeiß' eich vor d' Füaß hi
und i schrei:
Pfui, pfui, pfui
über eich.
I schrei no vui mehrer:
Pfui über mi,
pfui!
I hab 'n eich ausgliefert.
Oh wia graust's ma vor mir.
I steh vor am Abgrund,
da drunt is alls finster,
koa Funkn a Liacht.

I hab 'n eich gebn,
eich, eich, ihr ...
Wenn i eich oschaug,
eich Maulwerk,
eich hohe Scheinheiligkeit!
Wißts denn ihr wirkli,
was Gott will?

Oh ich Judas,
warum hab i des do?
Bin i verruckt worn,
oder hat si der Deifl
in mei Herz neigfressn?

Warum hast du des gsagt,
Jesus,
daß i des sei wer',
i,
der di verrat?

Freili, freili,
i gib's zua:
I bin unzfriedn gwen,
weil gar nia was worn is.
Hast landauf, landab predigt,
wiavui ham di ghört,
wiavui ham di verehrt.
Nachgschlicha san s' da,
bloß daß dei Gwand
olanga ham kenna.

Du hast as doch gsehng,
wia s' dir zuagjubelt ham,
wia du eizogn bist neili
in Jerusalem.
Warum ramst denn net aus,
wia drobn im Tempel?
Warum schmeißt de net naus,
de di umbringa wolln?
Warum stürzt an Herodes net,
treibst de Römer ins Meer?
Warum, Jesus, warum?

Mir kanntn dei Reich wern,
den Friedn kunnt ma bringa,
mir kunntn regiern,
dann waar a Ruah.

Skizze zu Bild Seite 95

O Jesus,
so hab i denkt, ja,
aber i gspür's:
I hab di nia net verstandn,
bin derselbe wia de,
wo uns eigfanga ham.

Wenn i so drodenk,
wia du mi gnomma hast,
mi, den Judas,
der so Gschäfterln draaht hat,
mi hast du gnomma.

Der hat net lang gfragt, ihr:
Judas, dein Ausweis,
Judas, dei Strafbuach,
Judas, ma konn si net
sehng lassn mit dir.
Er hat mi gnomma!
Merkts eich,
was er do hat:
Er hat mir, mir Lumpn,
an Geldbeitl gebn,
jawohl,
an Geldbeitl gebn.

Und wia hab i sparn wolln,
nia ham ma was zammbracht.
Kaum war was herin,
war's scho wieder fort aa.
Sie ham uns vui gschenkt, d' Leit,
aber 's Elend is größer.
Ja, wißts denn ihr Großköpf,

wiavui Elend daß' gibt?
Er is durch d' Welt ganga
auf ara sunnanen Straßn:
Judas, gib her,
gib her, Judas, kimm!
Und wo er aa gwen is,
war nachher a Liacht.

Amal hab i gschimpft, ja,
wia eahm damals de Witfrau
a Kanndl Schmeckwasser
übern Kopf gossn hat.
Da hab i gschimpft.
Is ja wahr aa,
des sündteure Zeigl!
Des duad ma do net,
as Geld so naushaun.
D' Leit warn ja manchmal
ganz narrisch mit eahm.

Ko sei, daß des alles
is eahm in' Kopf gstiegn,
denn diamal, da hat er
ganz gspassig gredt.
So hat er mal gsagt:
Wer mein Fleisch ißt
und mein Blut trinkt,
der kommt in' Himmel.
Des is doch hart.

Und jetz gar:
Hat er des wirkli gsagt,
er is Gottes Sohn?

Hat er des gsagt?
Hat er des gsagt?
Ja diamal
hat ma scho gmoant,
er kunnt's sei.

Mei hat der redn kenna,
mei war der guad!
Wenn ma bei eahm gwen is,
war's warm oam ums Herz.
Und a Kraft is ausganga,
daß ma alls do hat,
alls hat liegn lassn,
bloß no mitganga is.

Warum hab i des do, i?
Warum hab i eahm verkauft?
Der Geldsack is mir
wia mei rausgrissns Herz.
Vielleicht hab i gmoant,
er werd was, wia's ihr seids.
Da hätt i's dann schee ghabt,
waar a achtbarer Mo.
Vielleicht hab i glaubt,
des Schiff, des geht unter.
Wennst eahm schnell no verratst,
hast doch du no a Geld.
Vielleicht hab i Angst ghabt,
wenn sie eahm fanga,
er hat allwei vom Sterbn gredt,
dann derwischts ihr mi aa.
Davor hab i mi gfürcht.

Ja,
da war i schneidi,
mit de Soldatn,
da hab i mir eibildt,
jetz is alls recht.
No hab i eahm gsehng
und hab eahm den Kuß gebn
– der war bei uns Brauch –
den Kuß, der eahm jetz
der Todeskuß werd.

Oh i,
i Feigling,
i Luagbeitl.
Gebts 'n frei,

Skizze zu Bild
Seite 95

hörts as,
gebts 'n frei!
Gebts 'n frei!
Mörder!
Mörder!
Gebts 'n frei,
bittschee,
gebts 'n halt frei,
bittschee!

Jetz woaß i,
was i zum Doa hab.
Er hat's ja mir gsagt:
Besser waar's, Judas,
du waarst niamals geborn.
An Strick her,
an Strick, daß i mi aufhäng.
So oaner wia i,
der muaß weg von der Welt.

Gott, Gott!
Wenn des dei Sohn is,
warum schickst denn grad mi,
daß er ans Kreiz gnagelt werd?
Bin i der Garneamd,
der Dreck da vom Weltall,
des duad ma doch net,
daß ma an Menschn so steßt!

Laß mi ins Nix geh,
i will mi auslöschn.
Es hat niamals nia jemals
an Judas gebn.

Simon von Cyrene

Wenn jetz i der Simon gwen waar von Cyrene
und wann i in d' Stadt neikemma waar
und wann i auf oamal an der Straßn
unsern Jesus gsehng hätt, wiara grad
unterm Kreiz drin glegn is:
ob i eahm wohl gholfa hätt?

Skizze zu Bild Seite 101

Waarn do so vui andre dagwen, wo eahm kennt ham!
I, wo von der Arbat kemma bin,
hab ja überhaupts mei dreckats Gwand o,
und de Römer, de mag i scho gar net.
Da is allawei des Gscheiter,
wenn ma si auf d' Seitn druckt.

Was der wohl alls ogstellt hat, des elend Mannsbild!
Was, a Gotteslästerer soll er sei?
Ja, so geht's de Leit, de wo koan Glaubn ham.
I geh jedn Sonntag in mei Kirchn,
und i steh mi guad mitm Pfarrer,
daß mit obn a Ordnung is.

Herrschaft, hat er mi do scho, der Römer!
Kruzitürkn, waar i do net stehbliebn.
Was soll i, des Kreiz soll i tragn helfa?
Sie, damit will i fei nix zum Doa ham.
Den, den hab i no nia gsehng, den,
laßts mi, i ghör net dazua.

Kumm, geh weiter, ruck di wieder aufi!
Hilf i dir halt no des letzte Stückl,
weil s' koa Ruah gebn. Mei, du Armer,
bist ja hi scho mehrer wia lebendi,
doch sei froh, na is ausgstandn.
Hättst as Maul halt besser haltn solln.

Wia der Schiache mi auf oamal oschaugt!
Mensch, wer bist du! Bist du no a Mensch?
So vui konnst do du de Leit net do ham!
Komm, gib 's Kreiz her! Komm, i trag's alloa,
und i hilf dir, häng di an mi,
komm, des schaffn mir zwoa scho.

Is des unter meine Füaß da no der Bodn?
Liegt mir auf dem Buckl drobn de Welt?
Hängt mir an meim Arm der Himmel?
Und de Leit ringsum, san des no Leit?
I geh Schritt für Schritt in' Tod nei.
In an Tod nei? Naa, in Lebn,
i gspür scho a ewigs Liacht.

Am Kreuz

Aaaaaaaaaaaaaaaaaaaah!
Mir reißt's meine Händ ab!
Es ziahgt mir die Arm raus!
Es spalt meine Füaß
bis nauf zu meim Herz.
Es sticht in meim Kopf
wia Strahln aus Feier.
Mei Mund is voll Galln
und voller Essig.
I bin bloß no Fleisch,
wo der Wind si neibrennt,
bloß no a Wolkn
aus lauter Schmerzn.

Net schrein, net schrein,
net schrein, sonst zerspring i,
i wui's do no lebn,
bis' ganz an der Zeit is,
i wui no bei eich sei
bis in mein Tod.

Do untn, do stehngas
und schaugn mi o.
I siech s' scho gar nimmer,
sie san bloß no Nebl,
doch sie schaugn mi o.
Und wia si mi oschaugn!
Wie duad mir des Schaugn weh!
Sagt denn net oaner:

I hab Mitleid mit dir.
Wo san denn der Petrus
und all meine Jünger,
wo san denn die tausend,
de um mi gsessn warn?

Was ruafa s' denn rauf?
Vadder mein, hilf ma,
i konn's net versteh.
I soll ma selbn helfa?
Runtersteign soll i,
runter vom Kreiz,
dann glaubn s' alles.

I ko nimmer redn,
i hab doch koa Kraft mehr.
Was hab i alls predigt,
was hab i alls tröst,
was hab i alls Muat gmacht,
was hab i glindert,
aber ihr Arma,
ma bringt's eich net nei.

Glangt's denn no net?
Ihr wollts allwei bloß Wunder,
ihr wollts allawei nehma.
Kehrts doch inwendig um:
Geben ist Seligkeit,
die am Vadder sei Reich
endli zu euch bringt.

Da habts mein Tod.
Alls gib i eich.

Mei letzte Kraft,
mein letztn Gedankn,
mein letztn Tropfn Bluat,
und i möcht,
wann i gstorbn bin,
a Himmel voll Liab sei
und auf eich runterregna,
ihr arma Kinder,
ihr hilflosn Leit.

Muadder, i siech di,
jetz konn i grad wieder
a bisserl schaugn.
Verzeih ma,
was i dir weh do hab,
Muadder, verzeih,
es is ja für de.
I muaß für sie sterbn,
daß eahna mei Tod
endli ans Herz geht.

Nimm an Johannes,
eahm hab i gern ghabt,
nimm eahm als Sohn,
Johannes, und du,
nimm de Frau zu dir.
Na hab i as letzte
auf Erdn no gricht.

Da druntn verwürfln
die Kriagsknecht mei Gwand.
Mei kloane Habseligkeit
verstraahn sie im Wind,

bevor i no auslösch,
sie kenna net wartn.

Vadder,
is denn net alls umsonst?
Schaug, wia s' mi schlachtn!
San s' as denn wert,
daß i mi opfer?
Wern s' wirkli besser,
wenn i verbluat?
Was hab denn bloß i
mi vermessn kenna,
solche Stoa voller Bosheit
mit dir zu versöhna?
Aber sie wissn net,
sie begreifn net,
was sie dean.
Verzeih eahna,
Verzeih!

Vadder,
i bitt di,
gib a kloans Zeichn,
a oanzige Gnad,
a kloawinzige Gnad.
Warum bist so stumm?
Himmel und Erdn,
warum seids ihr stumm?
Gibt's denn koan Gott mehr?
Wia hab i denn sagn kenna,
vor a Stund no sagn kenna,
daß der Bursch da nebn meiner

heit no mit mir
im Paradies drübn sei soll?

Mein Gott,
jetz kommt's!
Mir is grad,
als ob 's Herz mir
in Wasser,
in Wasser ertrinkat.
Oh,
oh Jerusalem,
wia siehgst du aus?
Wo sind deine Häuser?
Was gschiecht dir, Judäa?
Der Himmel macht zua!
Alls wölbt si
und biagt si
her über mi.
Der Berg wachst si höher
bis an mein Leib rauf.
Golgatha!
Jetz,
jetz,
is des der Tod?
Mein Gott, mein Gott,
wo bist du?
I
hab's
vollbracht . . .

Skizze zu Bild Seite 103

Die Mutter

Herrgott im Himmel,
hast du des wolln,
daß de Muadder ihrn Buam
so im Schoß haltn muaß?

Schaugts 'n bloß o,
so ham s' 'n zuagricht!
Wundn an Wundn,
bis eahm des letzt Bluat
wegglaffa is,
und des war bloß no Wasser.

Oh Muadder,
du hast 'n ghabt,
wiara no kloa war,
hast 'n gfatschlt und gricht,
und jeds kloane Wundsei
und jeds kloane Weh
hast du eahm gnomma,
voller Liab.

Du hast 'n tragn,
drin in deim Leib.
In dir is er gwachsn.
Du hast as gspürt,
wia langsam sei Lebn worn is,
und dei Lebn hast du gsetzt,
daß er kemma is,
dei Bua.

Schand hast aa tragn,
Not hast tragn,
sehng hast müassn,
wia immer mehrer
de Gwalt eahm derpackt hat,
hast 'n nimmer verstandn
und bist voller Angst gwen.

Gell,
du hast as gwißt,
daß trotz seine guadn Wort,
daß trotz seine heilen Händ,
daß trotz seiner Liab
und all seim Erbarmen
der Grabn allwei diafer worn is,
allaweil diafer,
der Grabn zu dene,
wo obn drobn san.

Und jetz liegt er da.
Herrgott im Himmel!
Muaß denn des Himmelreich
mit so vui Elend,
muaß denn de Seligkeit
mit so vui Bluat
aufgschlossn wern?

Schaug, Muadder Maria,
i trau mi kaum Trost sagn,
schaug uns doch o,
uns deppate Leit,
uns arme Hund!
A guads Wort is bei uns
in Wind nei gsprocha.
A scharfe Predigt
geht nei und da naus.
A Zeit voller Not
werd schnell vergessn.

Da muaß scho a Tod gstorbn sei,
a grausiger Tod,
a Tod, der zum Himmel schreit,
a Tod, der fürn Himmel is,
a Tod, der uns tote Leit
aus unserm Grab jagt,
der an Vorhang zerreißt,
wo mir vorm Hirn ham,
bis mir endli amal
a bisserl was hörn.

Oh Muadder Maria,
vergib uns!

Skizze zu Bild Seite 107

Karl Caspar

wurde in Friedrichshafen am 13. Mai 1879 geboren und
starb am 21. September 1956 in Degerndorf am Inn. Er
gehört zu den großen Malern des 20. Jahrhunderts, die aus
den Voraussetzungen des Impressionismus und des Expres-
sionismus dem christlichen Thema neue Impulse gegeben
haben. Nach dem Studium in München und Stuttgart heira-
tete er 1907 die Malerin Maria Filser. Er war zugehörig dem
»Deutschen Künstlerbund« (1909) und zusammen mit Klee,
Schiele, Kubin und anderen Gründungsmitglied der Künst-
lervereinigung »Sema« (1910). Nach seiner Ernennung zum
Professor (1917) folgte Caspar 1922 einem Ruf an die Aka-
demie der Bildenden Künste in München. 1937 wurden seine
Bilder in der Ausstellung »Entartete Kunst« an den Pranger

gestellt und teilweise sogar vernichtet. Nach dem 2. Weltkrieg wurde er wieder an die Akademie in München berufen. Er wirkte mit bei der Gründung der »Neuen Gruppe« in München und des »Deutschen Künstlerbundes« in Berlin.

Bildnachweis

9 Weib, warum weinst du?, Öl, 1931 – 10 Entwurf zu 9, Kohle, 1940 – 13 Wald, Bleistift, 1938 – 17 Lauschender, Bleistift, 1940 – 21 Lorbeer, Rohrfeder, 1942 – 22 Maria und Elisabeth, Kohle, 1947 – 32 Winterlandschaft, Kreide auf getöntem Papier, 1944 – 35 Krippe, Öl, 1942 – 36 Entwurf zu 35, Bleistift, 1942 – 39 Tannenzapfen, Tusche, 1938 – 44/45 Winterlandschaft, Kreide und Kohle auf getöntem Papier, 1942 – 53 Weihnachten, Öl, 1949 – 54
56 Schlafendes Kind, Felizitas Mappe, Bleistift, um 1917 – 58 Abendmahl, Kohle, 1914 – 65 Christus und Johannes, Kohle, um 1915 – 71 Jünger am Ölberg, Bleistift, 1942 – 79 Hahnenschrei, Öl, 1948 – 81 Johannes auf Patmos, Öl, 1912 – 84 Christus und Nikodemus, Kohle, 1940 – 91–107 Passionsaltar, Öl, 1916: 91 Abendmahl – 93 Christus am Ölberg – 95 Gefangennahme – 97 Geißelung – 99 Dornenkrönung – 101 Kreuztragung – 103 Kreuzigung – 105 Pieta – 107 Auferstehung – 113 Pieta, Kohle, 1940 – 116 Skizze zu 99, Kohle, um 1915 – 118 Gockel, Tuschfeder, um 1922 – 121 Judaskuß, Bleistift, 1916 – 125 Verrat, Garten Gethsemane, Rohrfeder, um 1916 – 127 Skizze zu 101, Kohle, um 1915 – 128 Skizzenbuch, 1912 – 135 Skizze zu 103, Kohle, um 1915 – 137 Pieta, Kohle, 1945 – 139 Ostermorgen, Öl, 1933 – 141 Skizze zu 107, Tusche, um 1915 – 142 Selbstbildnis, Kohle, 1928 – 144 Aus »Tantum dic verbo«, Litho, 1918 – Vorsatz Riesenkopf im Inntal, Kohle, 1936.

CIP-Kurztitelaufnahme der Deutschen Bibliothek
Herbert Regele: An Friedn für alle. – 1. Aufl. – Rosenheim:
Rosenheimer Verlagshaus, 1979.
ISBN 3-475-52263-2.

© 1979 ISBN 3-475-52263-2
Das Buch erscheint in der Reihe »Rosenheimer Raritäten«
im Rosenheimer Verlagshaus Alfred Förg GmbH & Co.
KG, Rosenheim. Es wurde gedruckt in der Buchdruckerei
Georg Wagner, Nördlingen, und gebunden in der Verlags-
buchbinderei Hans Klotz, Augsburg. Den Schutzumschlag
gestaltete Ulrich Eichberger, München, unter Verwendung
des Gemäldes »Septembermond« von Maria Caspar-Filser,
das sich aus Privatbesitz als Leihgabe in der Städtischen
Galerie Albstadt befindet. Für die bereitwillige Überlassung
des Bildmaterials für das Buch selbst danken wir der Familie
Köster-Caspar, Brannenburg, für die Reproduktionserlaub-
nis der Gemälde des Passionsaltars dem Kunstreferat des
Erzbischöflichen Ordinariats München.

KL 28836